DAS STAR WARS™

KOCHBUCH

WENN DIE MACHT ERWACHT – FRÜHSTÜCKS- UND BRUNCH-REZEPTE AUS EINER WEIT, WEIT ENTFERNTEN GALAXIS

VON LARA STARR / FOTOS VON MATTHEW CARDEN

Die amerikanische Originalausgabe erschien 2017 unter dem Titel »The Star Wars Cookbook BB-ATE: Awaken to the Force of Breakfast and Brunch« bei Chronicle Books, 680 Second Street, San Francisco, Kalifornien, USA.

Künstlerische Leitung und Bildkonzepte von Matthew Carden.

Gestaltung von Jennifer Carden.

www.starwars.com

DEUTSCHE AUSGABE

Panini Verlags GmbH, Rotebühlstraße 87, 70178 Stuttgart
Geschäftsführer: Hermann Paul
Head of Editorial: Jo Löffler
Head of Marketing: Holger Wiest (marketing@panini.de)
Projektredaktion & Übersetzung: Andreas Kasprzak (info@grinningcat.de)
Lektorat: Uwe Voehl
Satz & Layout: Roberts Urlovskis
Presse & PR: Steffen Volkmer

Hergestellt von Midas Printing, Huizhou, Guangdong, China

www.paninibooks.de

YDSWWC005

1. Auflage, März 2018
ISBN 978-3-8332-3623-5

INHALT

EINFÜHRUNG

Die Macht ist stark in deiner Küche! Dein Backofen hat sie. Dein Kühlschrank hat sie. Dieses Buch hat sie. Und auch du hast diese Macht. Mit diesen Rezepten werden Frühstücke und Brunche künftig zu Ereignissen von geradezu intergalaktischer Klasse.

Einige dieser Rezepte lassen sich kinderleicht allein zubereiten, damit du sie zusammen mit deiner Familie und deinen Freunden genießen kannst. Andere erfordern die Hilfe eines Erwachsenen. Sorge bei diesen Gerichten dafür, dass deine Eltern oder andere Volljährige dabei sind. Es ist keine Schande, sich die Kocherfahrung anderer zunutze zu machen!

Bei der Vorbereitung auf den vor dir liegenden Tag wird dieses Kochbuch dir eine große Hilfe sein, während das Licht der Macht dir den Weg weist. Abenteuer und Schmackhaftigkeit sind auf deiner Seite, während du dich für ein besseres Frühstück einsetzt und dabei dein köstliches Schicksal erfüllst. Genau wie Rey entdeckst du im Zuge dessen ja vielleicht sogar verborgene Fähigkeiten, von denen du bislang nicht einmal wusstest, dass du sie überhaupt besitzt. Stell dich der Herausforderung, junger Padawan-Schüler, und öffne dich der Macht!

BEVOR ES LOSGEHT

Bevor du anfängst, diese Rezepte zuzubereiten, musst du zunächst einige grundlegende Sicherheitsmaßnahmen beherrschen. Die Küche ist ein Ort des Friedens, doch Gefahren lauern selbst an den gewöhnlichsten Plätzen. Die beiden wichtigsten Regeln, die du niemals vergessen darfst, lauten:

1. Sorg dafür, dass die ganze Zeit über ein Erwachsener in der Küche zugegen ist, besonders, wenn du mit Messern, dem Herd oder dem Backofen arbeitest! Abgesehen davon, dass Erwachsene nette Gesellschaft sind, erweisen sie sich mitunter als sehr hilfreich und nützlich. (Selbst Rey und Finn wären längst Geschichte, wenn Han Solo nicht da gewesen wäre, um auf sie aufzupassen.) Vergiss nicht: Hantiere nie mit etwas Scharfem oder Heißem, wenn kein Erwachsener dabei ist, der ein Auge auf dich hat!

2. Wasch dir vor dem Kochen mit Seife und warmem Wasser die Hände! Erinnerst du dich an die abscheulichen Kreaturen in Maz Kanatas Taverne auf Takodana? Die sind nichts verglichen mit den Keimen und Bakterien, die womöglich deine Hände bevölkern. Bekämpfe diese mikroskopisch kleinen Lebensformen mit deinen wirksamsten Waffen: mit Wasser und Seife. Außerdem ist es sinnvoll, deine Hände auch während des Kochens mehrmals zu waschen, denn genau wie Kylo Ren und die Erste Ordnung sind auch die Bazillustruppen dafür berüchtigt, ständig Verstärkung zu schicken.

Der ruhige, scharfsinnige Verstand eines Jedi-Kriegers bewahrt dich vor den meisten Missgeschicken in der Küche. Setze deinen Geist mit Bedacht ein und halte dich an die folgenden allgemeinen Richtlinien.

SEI VORSICHTIG

Achte die Mysterien der Macht.

> Niemals in der Küche rennen!

> Halte alles Brennbare — Topflappen, Geschirrtücher, Zutatenpackungen, dieses Buch — von den Herdplatten fern! Denk daran, dass die Platten auch dann noch heiß sein können, wenn der Herd ausgeschaltet ist.

> Trockne dir die Hände ab, bevor du irgendwelche elektrischen Schalter betätigst oder die Stecker von Geräten ein- oder ausstöpselst!

> Wasche Messer und andere scharfe Utensilien eins nach dem anderen ab. Lass sie nicht in Pfannen oder Töpfe mit Seifenwasser fallen — dann besteht die Gefahr, dass du dich schneidest, wenn du hineingreifst, um sie rauszufischen!

> Hebe den Deckel von heißen Töpfen in einem Winkel an, der von dir weg zeigt, sodass der aufsteigende Wasserdampf dich nicht ins Gesicht trifft!

> Verwende ausschließlich trockene Topflappen und Ofenhandschuhe! Sind die Lappen oder Handschuhe feucht, kann dich der Wasserdampf verbrennen, der entsteht, wenn du den nicht-wärmeisolierten Griff eines heißen Topfes anfasst.

> Stell einen Topf oder eine Pfanne auf den Herd, bevor du die entsprechende Platte einschaltest.

> Schalte erst die Platte aus, bevor du einen Topf oder eine Pfanne vom Herd nimmst.

> Versuche niemals, einen Fettbrand mit Wasser zu löschen! Wasser lässt das Fett spritzen, wodurch sich das Feuer rasch ausbreiten kann. Um einen Fettbrand zu löschen, setz einen Deckel auf den Topf/ die Pfanne oder wirf händeweise Backnatron hinein.

SEI AUFMERKSAM

Erlange die Achtsamkeit eines Jedi.

> Verlasse niemals die Küche, wenn etwas auf dem Herd oder im Backofen kocht!

> Dreh die Handgriffe von Töpfen und Pfannen vom Rand des Herds weg, sodass niemand, der daran vorbeigeht, den Topf/ die Pfanne versehentlich umwirft!

> Dreh Topfgriffe immer von anderen Herdplatten weg! Andernfalls werden sie heiß und du verbrennst dich, wenn du den Topf bewegen willst.

> Entferne Kücheninstrumente aus heißen Töpfen, wenn du sie gerade nicht brauchst, und lege sie auf einen Teller neben dem Herd. Metalllöffel und metallene Pfannenwender sind besonders gefährlich, weil sie die Wärme nicht bloß aufnehmen, sondern auch speichern, sodass du dir die Hand verbrennst, wenn du sie benutzen willst.

> Fang mit einer sauberen Küche an und achte darauf, dass sie auch während des Kochens sauber bleibt. Wenn du etwas verschüttest, wisch es unverzüglich auf, um Unfälle zu verhindern. Falls du dafür die Zeit hast, solltest du auch nebenbei gleich den Abwasch des Kochgeschirrs erledigen, das du nicht mehr brauchst.

> Schalte den Antrieb des Mixers aus, bevor du den Deckel des Mischbehälters abnimmst.

> Stell Zutaten, die du nicht mehr benötigst, weg.

> Vergewissere dich, dass du weißt, wo der Feuerlöscher ist, und stell sicher, dass er ordnungsgemäß funktioniert.

Die Werkzeuge eines Jedi-Meisterkochs sind einfach, aber wirkungsvoll. Vermutlich findest du alles, was du brauchst, bereits in eurer Küche. Hier ist eine alphabetische Liste der Dinge, die du für die Rezepte in diesem Buch benötigst.

EQUIPMENT

Antihaft-Kochspray

Alufolie

Backblech

Backformen

Backpapier

Backpinsel

Bratpfanne

Einweckglas mit Deckel

Eiswürfelform

Feinmaschiges Küchensieb

Feuerlöscher

Frischhaltefolie

Geschirrhandtuch

Gummi- und Metallpfannenwender

Handmixer*

Hohe Gläser

Holzlöffel

Holzspieße

Kochsieb

Kuchengitter

Käsereibe

Küchenmaschine

Küchenzange*

Lebensmittelfarbe

Mixer*

Messbecher

Messer* (ein großes und ein kleines)

Muffin-Blech (für 12 Förmchen)

Ofenhandschuhe

Plastikbecher

Quetschflasche

Rührschüsseln unterschiedlicher Größe

Schneebesen

Schwarzer Permanentmarker

Schöpfkelle

Tischbackofen*

Topflappen

Töpfe mit Deckel

Wachspapier

* Verwende diese Gerätschaften mit äußerster Vorsicht! Bitte unbedingt einen Erwachsenen um Hilfe, wann immer du mit diesen Dingen hantierst!

Wohlan, junger Jedi! Mögen deine neugewonnenen Fähigkeiten dich vom Hunger befreien und die Macht immer mit dir sein!

SNACKS & BEILAGEN

BB-8-ENERGIEBÄLLE

Manchmal liegt die Antwort, die man sucht, in einem selbst. Diese Energiebälle wappnen dich für die Abenteuer des neuen Tages!

ZUTATEN

100 g	**Haferflocken**
130 g	**Erdnussbutter, cremig oder mit Stückchen**
65 g	**gehackte Datteln**
2 TL	**geriebene Orangenzeste**
2 EL	**frischer Orangensaft**
115 g	**Honig**
80 g	**ungesüßte, geriebene Kokosnussflocken**

1. Die Haferflocken, die Erdnussbutter, die Datteln, die Orangenzeste, den Orangensaft und den Honig in den Behälter einer Küchenmaschine oder eines Standmixers geben. Bei mittlerer Geschwindigkeit durcharbeiten, bis die Zutaten gut vermengt sind und eine klebrige Paste ergeben.

2. Die Mischung aus dem Behälter auf eine leicht mit Mehl bestreute Oberfläche geben. Zu Bällen von ca. 2,5 cm Durchmesser rollen.

3. Die geriebene Kokosnuss auf einen Teller oder in eine flache Schüssel geben. Jedes Bällchen in den Kokosnussrapseln rollen, bis es vollends davon bedeckt ist.

4. Sofort servieren oder abgedeckt im Kühlschrank bis zu einer Woche lagern.

Alternative Variante: Die Bällchen statt in Kokosnussflocken in 60 g ungesüßtem Kakaopulver oder 120 g fein gehackter Nüsse rollen.

Ergibt ca. 25 Bällchen.

KYLOS REN-ITENTE FRUCHTSCHALE

ZUTATEN

6	**Lagen Blätterteig, nach Packungsanleitung aufgetaut**
110 g	**Butter, geschmolzen**
240 g	**frische Erdbeeren, geviertelt, entstielt**
320 g	**grüne und/oder rote Weintrauben, halbiert**

1. Den Backofen auf 200°C vorheizen.

2. Eine Muffinform für 12 Muffins mit Antihaftspray behandeln.

3. Die Blätterteiglagen mit einem feuchten Geschirrtuch abdecken. Eine Lage aus dem Stapel nehmen und auf einer ebenen Oberfläche ausbreiten. Mit einem Backpinsel die Oberseite des Teigs mit etwas von der geschmolzenen Butter bestreichen. Eine weitere Schicht Blätterteig oben drauflegen, wiederum mit Butter bepinseln und so weitermachen, bis schließlich alle sechs Teiglagen aufgebraucht bzw. aufeinandergestapelt sind.

4. Den aufgeschichteten Blätterteig mit einem Messer in zwöf je ca. 10 cm durchmessende Quadrate schneiden.

5. Jedes Quadrat in ein Fach der Muffinform geben, den Teig gegen die Seiten drücken, um in der Mitte einen Hohlraum zu formen, und die Ränder oben ein wenig überstehen lassen.

6. Ca. 10 bis 12 Minuten backen bzw. so lange, bis die Muffins leicht gebräunt und knusprig sind. Das Muffinblech behutsam auf ein Kuchengitter geben und abkühlen lassen.

7. Unmittelbar vor dem Servieren die Erdbeeren und die Weintrauben in einer Schüssel vermischen und das gemischte Obst in jedes der Blätterteigförmchen geben. Sofort servieren.

Ergibt 12 Portionen.

FINNS FANTASTISCHE FRUCHTBLASTER

Gewappnet mit der Energie von frischem Obst, bist du jeder Gefahr gewachsen!

ZUTATEN

3	**große Bananen**
Diverse Obstsorten, in 2 cm große Stücke geschnitten:	
30 g	**Äpfel**
40 g	**Weintrauben**
30 g	**frische Erdbeeren, entstielt**
35 g	**frische Blaubeeren**
35 g	**Ananasstücke**
40 g	**Wassermelone**
	Besonderes Equipment: Fünf 25 cm lange Holzspieße

1. Ein Backblech mit Backpapier auslegen.

2. Jede Banane in mehrere ca. 7,5 cm lange Stücke schneiden; den Rest anderweitig verwerten. Jedes Bananenstück quer auf einen der Holzspieße stecken und etwa zwei Drittel weit nach unten schieben. Die Spieße auf beiden Seiten mit den restlichen Obststückchen bestücken.

3. Einen Holzspieß entzweibrechen und so unten in die Banane schieben, dass der Spieß als Griff des Blasters dient. Den Rest des kleineren Spießes mit Früchten bestücken. Den »vollen« Spieß dann auf das vorbereitete Backblech legen.

4. Diesen Vorgang mit den übrigen Obststückchen und Holzspießen wiederholen. Vor dem Servieren mindestens 1 Stunde lang in den Gefrierschrank geben; alternativ in Frischhaltefolie gewickelt bis zu eine Woche lang einfrieren.

Ergibt 3 Portionen.

JOGHURTEIS-LICHTSCHWERTER

ZUTATEN

480 g   fettarmer griechischer Joghurt (Vanille)

Rote und blaue Lebensmittelfarbe

1. Am Vorabend des Servierens ein feinmaschiges Sieb über einer mittel-großen Schüssel platzieren. Mit einem Gummispatel den Joghurt in das Sieb geben und über Nacht in den Kühlschrank stellen.

2. Die Flüssigkeit, die sich am Boden der Schüssel gesammelt hat, entsorgen. Den Joghurt in zwei Schalen geben. Den Joghurt in der einen Schale mit der roten, den in der anderen mit der blauen Lebensmittelfarbe vermischen; mehr als jeweils drei oder vier Tropfen Farbe sind hierfür nicht nötg.

3. Ein großes Stück Frischhaltefolie auf eine ebene Oberfläche legen. Die Hälfte des roten Joghurts in die Mitte der Folie geben und zu einem Reckteck von ca. 25 cm Länge und 2,5 cm Breite formen.

4. Die Frischhaltefolie um den Joghurt wickeln und den Joghurt behutsam zu einer »Stange« formen. Beide Enden der Folie zudrehen, um dem Ganzen eine kompakte Form zu verleihen. Dies mit dem restlichen Joghurt wiederholen, um am Ende vier »Stangen« zu haben (2 rote und 2 blaue).

5. Auf ein Backblech geben und über Nacht einfrieren.

6. Sind die »Lichtschwerter« schließlich gefroren, auswickeln und essen. Alternativ sind sie im Eisschrank bis zu einen Monat lang haltbar.

Ergibt 4 Portionen.

PHASMATISCHE KARTOFFELPÄCKCHEN

Captain Phasmas Metallrüstung schimmert und glänzt. Diese köstlichen Frühstückskartoffeln werden in schimmernden, glänzenden Alufolie-Päckchen zubereitet.

ZUTATEN

6	**mehligkochende Kartoffeln, gewaschen und gewürfelt**
3 TL	**getrockneter Rosmarin**
1	**große gelbe Zwiebel, gewürfelt**
90 g	**Butter**
	Salz und Pfeffer zum Würzen
	Knoblauchpulver zum Bestreuen

1. Den Backofen auf 190°C vorheizen.

2. Sechs ca. 30 cm große Quadrate Alufolie von der Rolle reißen. In die Mitte jedes Quadrats eine Kartoffel, ½ Teelöffel Rosmarin, ⅙ der Zwiebelwürfel und einen Esslöffel Butter geben. Jeweils mit Salz, Pfeffer und Knoblauchpulver bestreuen.

3. Die Alufolie hochfalten, verschließen und sechs Päckchen daraus formen.

4. Die Alu-Päckchen behutsam auf ein Backblech geben. 45 Minuten lang backen.

5. Vor dem Servieren ca. 10 Minuten abkühlen lassen. Jedes Päckchen auf einen eigenen Teller geben. Warm servieren.

Ergibt 6 Portionen.

CHEWYS SPECK

Chewbacca hat viele Jahre und Abenteuer an der Seite von Han Solo verbracht. Dieser süße, knusprige Speck ist der ideale Begleiter zu Pancakes, Waffeln oder Müsli.

ZUTATEN

8	**Scheiben Frühstücksspeck**
65 g	**brauner Rohrzucker**

1. Den Backofen auf 200°C vorheizen.

2. Ein Backblech mit Alufolie auslegen. Ein Kuchengitter daraufstellen und mit Antihaftspray behandeln.

3. Den Zucker auf einen Teller geben. Die Speckscheiben jeweils von beiden Seiten in den Zucker drücken.

4. Die Speckscheiben auf das Kuchengitter legen.

5. Den Speck im Ofen backen, bis er kross und glänzend ist (ca. 15-18 Minuten). Dabei mehrmals mit einer Küchenzange wenden.

6. Vor dem Servieren 5 Minuten auf dem Kuchengitter abkühlen lassen.

Ergibt 4 Portionen.

MÜSLI

Roses galaktischer Körnermix

Parfait de Widerstand

Hansolohautrein!

ROSES GALAKTISCHER KÖRNERMIX

Rose dient dem Widerstand als Mechanikerin. Tanke mit diesen Müsliriegeln neue Energie!

ZUTATEN

300 g	**Haferflocken**
60 g	**gehackte Walnüsse**
½ TL	**gemahlener Zimt**
½ TL	**Ingwerpulver**
230 g	**Honig**
50 g	**brauner Rohrzucker**
1 TL	**Vanilleextrakt**
¼ TL	**Salz zum Würzen**
160 g	**getrocknete Aprikosen, gewürfelt**

1. Den Backofen auf 175°C vorheizen.

2. Die Haferflocken und die Walnüsse auf ein mit Backpapier ausgelegtes Backblech geben und ca. 10 Minuten rösten, bis alles duftend und leicht gebräunt ist; derweil ein paarmal umrühren. In eine große Rührschüssel geben, den Zimt und das Ingwerpulver hinzufügen und alles gut miteinander vermengen.

3. Die Ofentemperatur auf 150°C senken.

4. In einem kleinen Kochtopf bei mittlerer Hitze die Butter, den Honig, den Rohrzucker, die Vanille und das Salz vermengen und zum Köcheln bringen, dabei gelegentlich umrühren, bis sich der Zucker komplett aufgelöst hat. Behutsam über die geröstete Haferflocken-Walnuss-Mischung gießen. Die Aprikosen dazugeben und alles vermengen. Mindestens 5 Minuten abkühlen lassen.

5. Eine Backform (20 x 30 cm) einfetten. Die Mischung in die Backform gießen. Die Mixtur mit feuchten Fingern sanft und gleichmäßig gegen die Seiten der Form drücken.

6. Ca. 25 bis 30 Minuten bzw. so lange backen, bis das Ganze goldbraun ist. Vollständig abkühlen lassen, dann in Riegel schneiden. In einem luftdichten Behälter sind die Riegel bis zu eine Woche haltbar.

Ergibt 16 Riegel.

PARFAIT DE WIDERSTAND

Rey nutzt die Macht, um die Sturmtruppler-Wachen auszutricksen, sodass sie aus ihrem Gefängnis in der Starkiller-Basis entkommen kann. Mit diesem machtvollen Parfait entfliehst du den grässlichen Klauen des Hungers!

ZUTATEN

720 g	**fettarmer griechischer Joghurt (Vanille)**
180 g	**Knuspermüsli**
1	**große Banane, quer geschnitten**
	Besonderes Equipment: Sechs transparente 270 ml-Plastikbecher

1. 80 g Joghurt in jeden der Plastikbecher geben. Den Joghurt mit der Rückseite eines Esslöffels an den Seiten des Bechers hochstreichen, sodass alles gleichmäßig bedeckt ist.

2. Je 2 Esslöffel Knuspermüsli, ein paar Bananenscheiben und dann noch mal 2 Esslöffel Müsli in die Becher geben. Das Müsli mit weiteren 2-3 Esslöffeln Joghurt toppen und die Oberseite mit dem Rücken eines Esslöffels glattstreichen. Sofort servieren.

Ergibt 6 Portionen.

HANSOLOHAUTREIN!

Viel Zeit vergeht, bis Han Solo endlich wieder mit General Leia vereint ist. Diese Haferflocken-Leckereien warten geduldig im Kühlschrank auf dich, bis du gewillt bist, dein Frühstück einzunehmen.

ZUTATEN

200 g	**Haferflocken**
480 g	**fettarmer Vanillejoghurt**
½ TL	**gemahlener Zimt**
60 g	**gehackte Walnüsse**
140 g	**frische Blaubeeren**
	Besonderes Equipment: 4 Einweckgläser

1. In einer großen Schüssel die Haferflocken, den Joghurt und den Zimt vermengen.

2. Die Haferflocken-Mischung gleichmäßig auf die vier Einweckgläser verteilen.

3. Die Walnüsse und die Blaubeeren oben auf die Mischung geben.

4. Die Gläser verschließen und über Nacht in den Kühlschrank stellen.

5. Am nächsten Tag direkt aus dem Glas essen. Alternativ im Kühlschrank lagern, wo diese Leckerei bis zu einer Woche haltbar ist.

Ergibt 4 Portionen.

EIERSPEISEN

RÜHREI DES OBERSTEN ANFÜHRERS

ZUTATEN

2 TL	Butter
35 g	Zwiebel, fein gehackt
40 g	Spinatblätter, entstielt und gewaschen
4	Eier
35 g	schwarze Oliven, in Scheiben
2 EL	zerbröselter fettarmer Fetakäse

1. In einer mittelgroßen Bratpfanne bei mittlerer Hitze die Butter schmelzen. Die Zwiebeln hineingeben und unter gelegentlichem Umrühren anschwitzen, bis die Zwiebeln durchscheinend sind (ca. 2-3 Minuten).

2. Den Spinat dazugeben und ca. 2-3 Minuten anbraten, bis die Blätter »welk« sind.

3. Das Gemüse mit einer Küchenzange auf einen Teller geben und beiseitestellen.

4. Den Herd wieder auf mittlere Hitze stellen. Die Eier in eine kleine Schüssel aufschlagen und mit einer Gabel verquirlen, damit sich alles verbindet. Die Eier in die Bratpfanne gießen. Sobald sich die Ränder zu setzen beginnen, die Eier mit einem Holzlöffel oder einem Pfannenheber behutsam zur Mitte der Pfanne hinschieben und die Bratpfanne leicht neigen, um die Eiermasse gleichmäßig zu verteilen. Die Eier dann immer wieder auflockern, und zwar so lange, bis sie locker und flockig, jedoch nicht trocken, sondern noch ein bisschen feucht wirken (ca. 2 Minuten).

5. Das gekochte Gemüse und die Oliven dazugeben und unter regelmäßigem Umrühren anbraten, bis das Ganze komplett durchgewärmt ist (ca. 1-2 Minuten).

6. Das Rührei auf zwei Teller verteilen und mit dem Fetakäse bestreuen. Sofort servieren.

Ergibt 2 Portionen.

GEFÜLLTE REBELLENPAPRIKA

Paprikaschoten – rot wie das Symbol des Widerstands – dienen bei diesem Rezept als köstliches, essbares »Behältnis« für eine schmackhafte Füllung aus Ei, Schinken und reifen Tomaten.

ZUTATEN

3	**große rote Paprikaschoten, längs halbiert, entkernt und gesäubert**
	Salz und Pfeffer zum Würzen
6	**Eier**
1	**große Tomate, gewürfelt**
80 g	**geriebener fettarmer Gouda**
6	**Scheiben Frühstücksspeck, angebraten und gehackt**

1. Den Backofen auf 180°C vorheizen.

2. Die roten Paprikahälften auf ein mit Backpapier ausgelegtes Backblech legen. Mit Salz und Pfeffer bestreuen. Ca. 15 bis 20 Minuten im Ofen weich garen.

3. In der Zwischenzeit die Eier in einer großen Schüssel verquirlen. Die Tomatenwürfel, den Käse und den Speck dazugeben und umrühren, um alles gut zu vermengen.

4. Die Ei-Mischung mit einer Schöpfkelle oder einem großen Löffel gleichmäßig in die halbgaren Paprika füllen. Mit Salz und Pfeffer bestreuen. Weitere 15 bis 20 Minuten im Backofen garen, bis die Eier durch sind.

5. Vor dem Anrichten 10 Minuten abkühlen lassen. Warm servieren.

Ergibt 6 Portionen.

EIN LUGGABIEST VON EINER QUICHE

Bei seinen Plünderzügen auf Jakku reitet Teedo auf einem Luggabiest. Diese Quiche wird mit Bratwurst und Käse zubereitet – wahlweise aber auch mit allem, was dein Kühlschrank sonst noch so hergibt.

ZUTATEN

2 EL	**Semmelbrösel**
2	**große italienische Salsiccia-Bratwürste, in 6 mm breite Stücke geschnitten**
70 g	**Zwiebel, fein gehackt**
230 g	**weiße oder braune Champignons, in Scheiben**
4	**Eier**
240 ml	**fettarme Milch**
160 g	**geriebener fettarmer Cheddarkäse (kräftig)**
½ TL	**Knoblauchpulver**
	Salz und Pfeffer zum Würzen

1. Den Backofen auf 180°C vorheizen.

2. Eine gläserne Pastetenform (ca. 23 cm Durchmesser) mit Butter einfetten. Die Semmelbrösel hineingeben und gleichmäßig in der Form verteilen. Die überschüssigen Semmelbrösel entfernen.

3. Bei mittlerer Hitze eine Bratpfanne auf den Herd stellen. Die Bratwurst hineingeben und anbraten, dabei ein paarmal mit einem Pfannenheber wenden, bis die Wurst durch ist (ca. 3-4 Minuten). Die Wurst auf einen Teller geben und beiseitestellen. Die Zwiebeln in die Pfanne geben und unter regelmäßigem Umrühren anschwitzen, bis sie durchscheinend sind (ca. 2-3 Minuten). Die Pilze hinzufügen und ca. 5-6 Minuten anbraten, bis sie weich sind.

4. In einer großen Schüssel die Eier und die Milch miteinander verquirlen. Den Käse, die Bratwurst, das gegarte Gemüse und das Knoblauchpulver dazugeben. Mit Salz und Pfeffer würzen. Die Ei-Mischung in die vorbereitete Pastetenform gießen.

5. Ca. 30 Minuten lang backen, bis die Quiche fest ist.

6. Aus dem Ofen nehmen und 15 Minuten abkühlen lassen. Die Quiche zum Servieren in 6 keilförmige Stücke schneiden und mit einem Tortenheber aus der Pastetenform heben.

Ergibt 6 Portionen.

MAZ-KANATA-FRITTATA

In Maz` Burg auf Takodana ist jeder willkommen. Und dich erwarten jede Menge Happen von dieser köstlichen Frittata!

ZUTATEN

1 EL	**Olivenöl**
1	**kleine gelbe Zwiebel, gewürfelt**
2	**große Zucchini (ca. 455 g), in 6 mm breite Scheiben geschnitten**
	Salz und Pfeffer zum Würzen
8	**Eier**
20 g	**geriebener fettarmer Mozzarellakäse**
60 ml	**fettarme Milch oder Schlagsahne**
2	**mittelgroße Tomaten, entkernt, längs geteilt und in Spalten geschnitten**

1. Den Backofen auf 200°C vorheizen.

2. Das Olivenöl in einer mittelgroßen, backofentauglichen Bratpfanne bei mittlerer Hitze erwärmen. Die Zwiebeln und die Zucchini hineingeben und mit Salz und Pfeffer würzen. Anschwitzen, bis alles weich ist (ca. 8-10 Minuten). Vom Herd nehmen und beiseitestellen.

3. In einer großen Schüssel die Eier, den Käse und die Milch miteinander verquirlen. Mit Salz und Pfeffer würzen.

4. Die Ei-Mischung über die Zwiebeln und die Zucchini in der Pfanne gießen. Behutsam umrühren, um alles gut miteinander zu vermischen.

5. Mit einer Küchenzange die Tomatenscheiben oben auf die Mischung legen.

6. Die Pfanne wieder bei mittlerer Hitze auf den Herd stellen und garen, bis sich die Ränder zu setzen beginnen und das Ganze durchscheinend bis milchig aussieht (was nur ca. 1 Minute dauert). Die Pfanne dann in den Ofen schieben und backen, bis die Eier durch sind und nicht mehr wabbeln, wenn die Pfanne bewegt wird (ca. 15-20 Minuten).

7. 10 Minuten auf einem Kuchengitter abkühlen lassen. Warm bzw. bei Zimmertemperatur servieren. Hierzu in 8 keilförmige Stücke schneiden und mit einem Tortenheber aus der Pfanne heben.

Ergibt 8 Portionen.

STURMTRUPPLER-PATT

ZUTATEN

12	Eier

Besonderes Equipment: Schwarzer Markierstift

1. Die Eier in einen Kochtopf geben, der groß genug ist, dass alle in einer einzigen Schicht am Boden hineinpassen. Genügend kaltes Wasser in den Topf gießen, dass die Eier ca. 3 cm breit davon bedeckt sind.

2. Bei großer Hitze zum Kochen bringen. Sobald das Wasser kocht, die Hitze reduzieren und den Topf abdecken. Die Eier 12 Minuten köcheln lassen.

3. Die Eier mit einem Schaumlöffel aus dem Topf heben, in ein Sieb geben und entweder mit kaltem Wasser abschrecken oder zum Abkühlen in eine Schüssel mit Eiswasser geben.

4. Sind die Eier abgekühlt, mit der Illustration auf dieser Seite als Anleitung mit schwarzem Marker einen Sturmtrupplerhelm auf jedes Ei malen.

5. Sofort servieren. Alternativ im Eierfach im Kühlschrank bis zu eine Woche haltbar.

Ergibt 12 Sturmtruppler-Eier.

PANCAKES, WAFFELN & ARME RITTER

LUKE SKYWAFFELN

Luke Skywalker, in seinen Umhang gehüllt, steht allein auf dem Gipfel eines Berges, als Ray auf ihn zutritt. Der Teig für diese Waffeln muss über Nacht ziehen, doch wenn du morgens aufwachst, erwartet dich dafür ein köstliches Frühstück.

ZUTATEN

7 g	aktive Trockenhefe
180 ml	warmes Wasser (40°C–43°C)
280 g	Allzweckmehl
160 g	gelbes Maismehl
2 EL	Rohrzucker
1 TL	Salz zum Würzen
480 ml	fettarme Milch
60 ml	Pflanzenöl
1 TL	Vanilleextrakt
2	Eier
½ TL	Backnatron
	Butter zum Anrichten
	Ahornsirup zum Anrichten

1. Am Vorabend vor der Zubereitung der Waffeln den Teig machen. Hierzu in einer kleinen Schüssel die Hefe über das warme Wasser streuen und beiseitestellen, bis die Hefe blubbert (ca. 10 Minuten).

2. In der Zwischenzeit in einer großen Schüssel das Allzweckmehl, das Maismehl, den Zucker und das Salz miteinander vermengen.

3. In einer anderen großen Schüssel die Milch, das Pflanzenöl und die Vanille verquirlen. Die Hefemixtur zu der Milch-Mischung geben und alles gut miteinander vermischen.

4. Eine Vertiefung in die Mehl-Mischung drücken, dann die Milchmixtur hineingießen und behutsam alles miteinander verquirlen, bis das Ganze gut vermengt ist. Die Schüssel mit Frischhaltefolie abdecken und über Nacht in den Kühlschrank stellen.

5. Am nächsten Tag die Waffeln zubereiten. Hierzu zunächst das Waffeleisen vorheizen. Derweil in einer kleinen Schüssel die Eier und das Backnatron miteinander verquirlen, die Mixtur dann dem Teig hinzufügen und behutsam weiterquirlen, bis alles gut vermengt ist.

6. Den Backofen auf 95°C vorheizen.

7. Die Waffeln gemäß Bedienungsanleitung zubereiten. Auf einem Teller im Ofen warmhalten, während du die anderen Waffeln machst. Warm mit Butter und Ahornsirup servieren.

Ergibt ca. 8 Waffeln.

C-3PO-PANCAKES

ZUTATEN

200 g	Schmelzflocken (Haferflocken)
480 ml	fettarme Milch oder Buttermilch
2	Eier
60 ml	Pflanzenöl
105 g	Vollkornmehl
2 EL	Zucker
1 TL	gemahlener Zimt
2½ TL	Backpulver
1 TL	Salz zum Würzen
45 g	goldene Rosinen
1 TL	Butter
	Ahornsirup zum Anrichten
	Marmelade zum Anrichten

1. Die Schmelzflocken in einer großen Schüssel 10 Minuten lang in der Milch einweichen. Die Eier und das Öl hinzugeben und alles gut miteinander vermengen.

2. In einer separaten großen Schüssel das Mehl, den Zucker, den Zimt, das Backpulver und das Salz miteinander vermengen. Die Rosinen hinzugeben und in der Mixtur herumwerfen, bis sie davon überzogen sind.

3. Die Haferflocken-Mischung zu der Mehlmixtur geben und verrühren, bis alles gut vermengt ist.

4. Den Backofen auf 95°C vorheizen.

5. Bei mittlerer Hitze eine Bratpfanne vorwärmen, die Butter hineingeben und schwenken, bis die Butter geschmolzen und die Pfanne gut eingefettet ist. Dann für jeden Pancake ca. 60 ml Teig in die Pfanne gießen. Anbraten, bis sich auf der Oberfläche des Teigs Bläschen bilden (ca. 2-3 Minuten). Mit einem Pfannenheber wenden und auch von der anderen Seite anbraten, bis der Pancake goldbraun ist (nochmals ca. 1-2 Minuten).

6. Das Bratprozedere mit dem restlichen Teig wiederholen. Die fertigen Pancakes derweil auf einem mit Backpapier ausgelegten Backblech im Ofen warmhalten.

7. Mit Ahornsirup oder Marmelade anrichten.

Ergibt 6 Portionen.

STARKILLER-PANCAKES

Der Widerstand zerstört die Starkiller-Basis mit seinen X-Flüglern. Du hingegen kannst diesem Stapel Kakao-gesüßter Pancakes mit deinem Hunger und einer Gabel zu Leibe rücken!

ZUTATEN

140 g	Allzweckmehl
2 EL	Zucker
3 EL	ungesüßtes Kakaopulver
1 TL	Backpulver
1 TL	Salz zum Würzen
255 ml	zzgl. 1 TL fettarme Milch
1	Ei
1 TL	Vanilleextrakt
4	Cocktailkirschen
	Ahornsirup zum Anrichten
	Marmelade zum Anrichten
	Besonderes Equipment: Quetschflasche

1. Den Backofen auf 95°C vorheizen.

2. In einer großen Schüssel das Mehl, den Zucker, 2 Esslöffel Kakaopulver, das Backpulver und das Salz miteinander verrühren.

3. In einer mittelgroßen Schüssel die Milch (bis auf einen Teelöffel davon), das Ei und die Vanille miteinander verrühren.

4. In der Mehl-Mischung eine Vertiefung formen, die Milchmixtur dort hineingießen und behutsam verrühren, bis alles gut vermengt ist.

5. Mit einem großen Löffel und einem Messbecher ca. 80 ml des Teigs in eine separate kleine Schüssel geben. Den verbliebenen Esslöffel Kakaopulver und die übrige Milch hinzufügen und alles mit einer Gabel gründlich vermengen. Dann vorsichtig in eine Quetschflasche füllen.

6. Eine große, antihaftbeschichtete Bratpfanne (ca. 30 cm Durchmesser) bei mittlerer Hitze auf den Herd stellen.

7. Verwende die Quetschflasche wie einen Stift und »zeichne« einen Kreis von ca. 20 cm Durchmesser in die erhitzte Pfanne. Ziehe dann zwei weitere Teiglinien quer durch die Mitte des Kreises, wie um ein Abzeichen zu formen.

8. Schneide jede Cocktailkirsche quer in drei Abschnitte. Das obere und untere Drittel anderweitig verwenden.

9. Mit einer kleinen Küchenzange oder einer Gabel je ein Stück Kirsche auf die linke Seite des »Abzeichens« legen.

10. Mit einem großen Löffel oder einer kleinen Schöpfkelle den Pancake mit Teig füllen. Anbraten, bis sich an der Oberfläche des Teigs Bläschen bilden (ca. 2-3 Minuten). Den Pancake mit einem Pfannenheber wenden und nochmals 1-2 Minuten braten, bis die Unterseite hellbraun ist.

11. Den übrigen Teig so verarbeiten, wie in den Schritten 7-10 beschrieben. Die Pancakes derweil auf einem mit Backpapier ausgelegten Backblech im Ofen warmhalten.

12. Mit Ahornsirup oder Marmelade servieren.

Ergibt 4 Pancakes.

ARME RITTER DER ERSTEN ORDNUNG

ZUTATEN

1	**Laib Weiß-, Sauerteig- oder Toastbrot (ca. 500 g), in 2,5 cm dicke Scheiben geschnitten**
8	**Eier**
720 ml	**fettarme Milch**
2 EL	**Zucker**
1 TL	**Vanilleextrakt**
2 TL	**gemahlener Zimt**
	Butter zum Anrichten
	Ahornsirup zum Anrichten

1. Eine Backform (ca. 23 x 33 cm) großzügig mit Butter einfetten. Die Brotscheiben so in der Form anordnen, dass sie sich ein wenig überlagern.

2. In einer großen Schüssel die Eier, die Milch, 1 Esslöffel des Zuckers und die Vanille miteinander verrühren.

3. Die Ei-Mischung gleichmäßig über die Brotscheiben gießen. Die Backform mit Frischhaltefolie umwickeln und mindestens 2 Stunden, am besten aber über Nacht in den Kühlschrank stellen.

4. Den Backofen auf 180°C vorheizen.

5. Den verbliebenen Zucker und den Zimt über die Brotscheiben streuen. Im Ofen backen, bis alles leicht angebräunt ist und sich die Ei-Mischung verfestigt hat (ca. 15-20 Minuten).

6. Vor dem Servieren mit Butter und Ahornsirup 10 Minuten abkühlen lassen.

Ergibt 8 Portionen.

BACKWAREN

ADMIRAL ACKBARS ENERGIERIEGEL

Dies ist keine Falle! Diese Energieriegel sind wirklich unwiderstehlich!

ZUTATEN

200 g	**Schmelzflocken (Haferflocken)**
260 g	**Erdnussbutter, mit Stückchen**
60 g	**gehackte Pecannüsse**
55 g	**gehackte Trockenaprikosen**
1 TL	**gemahlener Zimt**
85 g	**Honig**

1. Eine quadratische Backform (ca. 20 cm) vorbereiten, indem du zwei Stücke Backpapier zurechtschneidest (20 x 30 cm). Lege die Stücke über Kreuz unten in die Backform und drücke das Papier gegen die Seiten der Form, sodass das Papier oben etwas übersteht.

2. In einer großen Schüssel die Haferflocken, die Erdnussbutter, die Pecannüsse, die Aprikosen, den Zimt und den Honig miteinander vermengen, bis alles gut vermischt ist.

3. Die Mischung in die vorbereitete Backform geben, dann mit Frischhaltefolie abdecken. Die Folie auf die Oberfläche der Mischung drücken und mindestens 3 Stunden, am besten aber über Nacht in den Kühlschrank stellen.

4. Das Backpapier am Überhang an den Seiten anheben, um die Riegelmasse aus der Form zu nehmen. Auf eine ebene Oberfäche geben und in 8 Riegel schneiden.

5. Sofort servieren. Alternativ in einem luftdichten Behälter bis zu zwei Wochen im Kühlschrank haltbar.

Ergibt 8 Energieriegel.

CANTO-HÄPPCHEN

Niemand kann die prachtvolle Dekadenz von Canto Bight auf dem Planeten Cantonica bestreiten. Dasselbe gilt für diese mit Konfitüre gefüllten, mundgerechten Leckerschmecker!

ZUTATEN

315 g	Allzweckmehl
½ TL	Salz zum Würzen
2 TL	gemahlener Zimt
200 g	brauner Rohrzucker
150 g	Kristallzucker
180 ml	Pflanzenöl
1 TL	Backpulver
1 TL	Backnatron
1	Ei, locker geschlagen
240 g	Schmand
225 g	Himbeerkonfitüre
120 g	gehackte Pecannüsse

1. Den Backofen auf 180°C vorheizen.

2. In einer großen Schüssel das Mehl, das Salz, 1 Teelöffel Zimt, beide Zuckersorten und das Öl miteinander vermengen.

3. Mit einem großen Löffel und einem Messbecher ca. 150 g der Mischung in eine separate kleine Schüssel geben. Beiseitestellen.

4. Das Backpulver, das Backnatron, das Ei und die Sahne in die Mischung in der großen Schüssel geben und alles gut miteinander verrühren. Die Mixtur sollte am Ende leicht klumpig sein.

5. Ein 12er-Muffinblech mit Papierförmchen versehen. Jedes Förmchen zur Hälfte mit dem Muffinteig füllen.

6. Vorsichtig je 2 Teelöffel Himbeerkonfitüre in die Mitte des Teigs in jedem der Förmchen geben.

7. Jedes Muffinförmchen bis oben hin mit dem restlichen Teig füllen.

8. Die Pecannüsse und den übrigen Zimt in die Mehl-Mischung in der kleinen Schüssel geben und alles miteinander vermengen. Gleichmäßig oben auf die Muffins streuen.

9. So lange backen, bis ein Holzspieß, den man in die Mitte der Muffins piekst, sauber wieder rauskommt (ca. 15-20 Minuten).

10. Die Muffins in der Form auf einem Kuchengitter 10 Minuten abkühlen lassen. Die Muffins aus der Form nehmen und auf dem Gitter vollends auskühlen lassen. In einem luftdichten Behälter sind diese köstlichen Häppchen bis zu 3 Tage haltbar.

Ergibt 12 Häppchen.

REYSINENBROT

Fügt man Reys Brot Wasser hinzu, geht es sofort auf. Im Ofen braucht es zwar ein bisschen länger, um gar zu werden, doch die Warterei lohnt sich allemal!

ZUTATEN

560 g	zzgl. 1 EL Allzweckmehl
50 g	Zucker
1 TL	Backnatron
1½ TL	Salz zum Würzen
1 EL	Matcha-Pulver
55 g	kalte Butter, in 8 Stücke geschnitten
420 ml	fettarme Buttermilch
1	Ei, locker geschlagen
140 g	Rosinen

1. Den Backofen auf 180°C vorheizen.

2. 560 g des Mehls, den Zucker, das Backnatron, das Salz und das Matcha-Pulver in den Behälter eines Standmixers mit einem Rührstangenaufsatz. Auf niedriger Stufe durcharbeiten, bis alles gut vermengt ist. Die Butter dazugeben und weiter bei geringer Leistung mixen, bis die Mischung an Schrotmehl erinnert.

3. In einer separaten mittelgroßen Schüssel die Buttermilch und das Ei miteinander verquirlen, dann in die Mehl-Butter-Mischung gießen. Mit einem Holzlöffel umrühren, bis das Ganze einen weichen, klebrigen Teig ergibt.

4. Die Rosinen und den restlichen Esslöffel Mehl in eine kleine Schüssel geben, vermengen und dann in den Teig einarbeiten, bis alles gleichmäßig vermischt ist.

5. Den Teig auf einer mit Mehl bestreuten Oberfläche ausbreiten. Den Teig ein paarmal kneten und wenden, ehe du ihn auf einem mit Backpapier ausgelegten Backblech zu einem flachen, runden Laib formst. Mach mit einem scharfen Messer zwei tiefe Schnitte in die Oberseite des Teigs.

6. Ca. 30-40 Minuten im Ofen backen, bis der Laib hellbraun ist und hohl klingt, wenn man mit dem Fingerknöchel dagegen klopft. Vor dem Aufschneiden 15 Minuten abkühlen lassen. In einem luftdichten Behältnis bis zu 3 Tage haltbar.

Ergibt 1 Brotlaib.

BREZELN AUF X-FLÜGLER-ART

ZUTATEN

7 g	aktive Trockenhefe
1 TL	Salz zum Würzen
1 EL	Zucker
360 ml	warmes Wasser (ca. 40°C-43°C)
560 g	zzgl. 1 EL Allzweckmehl
1 TL	gemahlener Zimt
70 g	Rosinen
40 g	fein gehackte Walnüsse
1	Ei, geschlagen

1. Den Backofen auf 220°C vorheizen. Ein Backblech einfetten.

2. Die Hefe, das Salz und den Zucker in einer kleinen Schüssel über das warme Wasser streuen und beiseitestellen, bis die Mischung blubbert (ca. 10 Minuten).

3. In der Zwischenzeit 560 g Mehl und den Zimt in einer großen Schüssel vermengen. Die Rosinen, die Walnüsse und das restliche Mehl in einer kleinen Schüssel miteinander vermischen, diese Mixtur dann in die Mehl-Mischung geben.

4. Die Hefe-Mischung in die Mehlmixtur geben und alles gründlich vermengen.

5. Den Teig auf einer leicht mit Mehl bestreuten Oberfläche ausbreiten und kneten, bis er geschmeidig und nachgiebig ist (ca. 5-7 Minuten).

6. Den Teig in 12 Stücke aufteilen. Jedes Stück mit den Händen zu einem ca. 30 cm langen »Seil« rollen.

7. Jedes dieser »Seile« in der Mitte durchschneiden und die Hälften so zusammendrücken, dass sie ein X bilden. Die X-förmigen Brezeln dann auf das vorbereitete Backblech legen.

8. Den Brezelteig mit einem Backpinsel mit dem geschlagenen Ei bestreichen.

9. Die Brezeln backen, bis sie goldbraun sind (12-15 Minuten). Vor dem Servieren 10 Minuten abkühlen lassen.

Ergibt 12 Brezeln.

WRAPS & SANDWICHES

FRÜHSTÜCK À LA POE

Poe Dameron ist der beste Pilot des Widerstands. Es wird dir nicht gelingen, diesem köstlichen, mehrschichtigen Frühstückssandwich zu widerstehen!

ZUTATEN

4 TL	Butter
30 g	gewürfelte rote oder grüne Paprika
35 g	gehackte Zwiebeln
3	Eier
35 g	gehackter Kochschinken
1	Brötchen, in zwei Hälften geschnitten

1. In einer Bratpfanne bei mittlerer Hitze 2 Teelöffel Butter schmelzen. Die Paprika und die Zwiebel hinzufügen und unter regelmäßigem Rühren anbraten, bis die Zwiebelwürfel gar und durchscheinend sind (ca. 2-3 Minuten). Das Gemüse mit einer Küchenzange oder einem großen Löffel auf einen Teller geben und beiseitestellen.

2. Die Pfanne bei mittlerer Hitze wieder auf den Herd stellen. Die Eier in einer kleinen Schüssel aufschlagen und mit einer Gabel verquirlen. Die Eier in die Pfanne gießen und schwenken, damit sie sich gleichmäßig verteilen. Anbraten, bis die Ränder der Eier »trocken« sind. Das Gemüse und den Kochschinken in die Mitte des Omeletts geben und weitergaren, bis die Eier fest geworden sind (ca. 1-2 Minuten). Das Omelett mit einem Pfannenwender über die Füllung falten. Die Pfanne vom Herd nehmen.

3. Das Brötchen toasten und die aufgeschnittenen Seiten mit der übrigen Butter bestreichen. Das Omelett auf die Unterseite des Brötchens legen und die Oberseite darauf platzieren. In zwei Hälften schneiden und sofort servieren.

Ergibt 2 Portionen.

KANJIKLUB-SANDWICHES

ZUTATEN

3	Scheiben Sauerteig- oder Weißbrot
2 EL	Frischkäse, bei Zimmertemperatur
2	Eier
1 TL	Butter
	Salz und Pfeffer zum Würzen
4	Scheiben Frühstücksspeck, angebraten
2	große Tomatenscheiben
1	Blatt Römersalat

1. Das Brot leicht im Toaster oder im Ofen antoasten.

2. Den Frischkäse gleichmäßig oben auf jede Brotscheibe streichen.

3. Die Eier in eine kleine Schüssel aufschlagen.

4. Eine antihaftbeschichtete Pfanne bei mittlerer Hitze erwärmen, die Butter hineingeben und schwenken, bis sie geschmolzen und die Pfanne gut eingefettet ist.

5. Die Eier behutsam in die Bratpfanne gießen und die Pfanne leicht zu einer Seite neigen, damit die Eier an einer Stelle zusammenlaufen. Wenn das Eigelb trüb zu werden beginnt, die Pfanne wieder auf den Herd stellen.

6. Mit Salz und Pfeffer würzen und 1-2 Minuten anbraten, bis das Eigelb fest zu werden beginnt, aber immer noch leicht wabbelig ist. Die Eier mit einem Pfannenheber wenden und weiter anbraten, bis das Eigelb schließlich fest ist (noch ca. 1-2 Minuten länger).

7. Die Spiegeleier mit einem Pfannenwender aus der Pfanne nehmen und jeweils auf eine der vorbereiteten Brotscheiben legen. Das Ei mit einer weiteren Brotscheibe bedecken, mit der Frischkäseseite nach oben. Den Frühstücksspeck, die Tomatenscheiben und den Salat daraufgeben. Dann mit der dritten Brotscheibe krönen, diesmal mit der Frischkäseseite nach unten.

8. In zwei Hälften schneiden und sofort servieren

Ergibt 2 Portionen.

FRÜHSTÜCKS-TAKO-DANAS

Der Kanjiklub fordert, dass Han Solo die Schuld begleicht, in der er beim Klub steht. Ist man hingegen so heißhungrig wie ein Rathtar, sollte man nichts anderes als dieses köstliche Sandwich zum Frühstück verlangen!

ZUTATEN

4	**Maistortillas (je 15 cm Durchmesser)**
2 TL	**Olivenöl**
140 g	**Spinatblätter, entstielt und gewaschen**
	Salz und Pfeffer
55 g	**grüne Salsa**
4	**Eier, geschlagen**
40 g	**geriebener fettarmer Gauda**

1. Den Backofen auf 180°C vorheizen.

2. Die Tortillas in Alufolie wickeln und auf ein mit Backpapier ausgelegtes Backblech oder direkt auf das Ofenrost geben. 10 Minuten lang im Ofen backen, während du die Füllung zubereitest.

3. Das Olivenöl bei mittlerer Hitze in einer antihaftbeschichteten Pfanne erwärmen. Den Spinat hineingeben und sautieren, bis die Blätter »welk« sind (ca. 3-5 Minuten). Mit Salz und Pfeffer würzen. Den Spinat dann mit einer Küchenzange aus der Pfanne nehmen und auf einen Teller legen.

4. Die Pfanne vom Herd nehmen und mit einem Stück Küchenrolle auswischen.

5. Die Pfanne mit Antihaftspray besprühen.

6. Die Pfanne bei mittlerer Hitze zurück auf den Herd stellen, die Salsa hineingeben und ca. 2-3 Minuten lang köcheln lassen, damit das überschüssige Wasser verdunstet.

7. Die geschlagenen Eier in die Pfanne geben.

8. Beginnen sich die Ränder zu verfestigen, die Eier mit einem Holzlöffel oder einem Pfannenwender behutsam in die Mitte der Bratpfanne schieben und die Pfanne leicht neigen, damit sich die Eier gleichmäßig in der ganzen Bratpfanne verteilen. Umrühren, um Rühreier zu machen, und weiter rühren, bis die Eier gerade so durch sind (ca. 2 Minuten). Am Ende sollen die Eier fluffig und noch ein bisschen feucht, aber nicht mehr flüssig sein.

9. Den Spinat dazugeben und regelmäßig umrühren, bis die Mixtur komplett durchgegart ist (ca. 1-2 Minuten).

10. Die erwärmten Tortillas aus der Alufolie nehmen und jede mit einem Viertel der Ei-Mischung sowie 2 Esslöffeln Käse füllen. Sofort servieren.

Ergibt 4 Portionen.

BROTAUFSTRICH

IN DER KLEMME

Rose und Finn stecken in Canto Bight ziemlich in der Klemme. Mit dieser Konfitüre auf einem Stück Toast oder einem Pancake hingegen befreist du deine Geschmacksnerven!

ZUTATEN

280 g	**frische Erdbeeren, entstielt und in Scheiben**
2 EL	**Zucker**
1 EL	**frischer Zitronensaft**
	Besonderes Equipment: 1 Einweckglas (0,5 l) mit Deckel, in heißem Seifenwasser ausgewaschen und gründlich ausgespült

1. Einen kleinen Porzellanteller zum Abkühlen in den Kühlschrank stellen.

2. In einem Kochtopf die Erdbeeren, den Zucker und den Zitronensaft vermengen und bei mittlerer Hitze zum Köcheln bringen; dabei regelmäßig umrühren und mit einem Holzlöffel zermatschen.

3. Beginnt die Mischung zu blubbern, die Hitze auf niedrig reduzieren und 10 Minuten unter regelmäßigem Umrühren köcheln lassen.

4. Die Marmelade auf ihre Garheit testen, indem du etwas davon mit einem Holzlöffel auf den gekühlten Teller gibst und diesen hin und her schwenkst. Bleibt die Marmelade kleben, ist sie fertig; ist sie hingegen noch flüssig, lass sie 5 weitere Minuten köcheln und versuchs´s dann noch mal.

5. Die Marmelade mit einer Schöpfkelle zum Abkühlen in das Einweckglas geben. Ist die Marmelade schließlich abgekühlt, den Deckel verschließen und im Kühlschrank lagern (bis zu einer Woche haltbar).

Ergibt ca. 450 g.

IMPERIALES ZITRONENMUS

Dieser prickelnde Brotaufstrich ist die ideale Ergänzung für Muffins, Toasts, Pancakes und Waffeln!

ZUTATEN

5	**Eigelb**
100 g	**Zucker**
60 ml	**frischer Zitronensaft**
	Zeste von 1 Zitrone
90 g	**Butter, in 6 Stücke geschnitten**

1. In einem Kochtopf das Eigelb, den Zucker, den Zitronensaft und die Zitronenzeste miteinander vermengen. Bei mittlerer Hitze unter regelmäßigem Umrühren so lange köcheln lassen, bis die Mischung eindickt und zu blubbern beginnt (ca. 6-7 Minuten). Vom Herd nehmen und die Butter dazugeben (jeweils 1 Esslöffel zur Zeit); nach dem Zugeben jedes Butterstücks so lange rühren, bis die Butter geschmolzen ist.

2. In eine Glasschüssel geben, dann behutsam Frischhaltefolie auf die Oberfläche des Zitronenmuses drücken. Für mindestens 2 Stunden, besser aber über Nacht in den Kühlschrank stellen.

3. Hervorragend geeignet als Aufstrich für Toastbrot, Biskuits, Pancakes oder Waffeln. Sofort servieren oder – alternativ – abgedeckt für bis zu 2 Wochen im Kühlschrank lagern.

Ergibt ca. 300 ml.

GETRÄNKE

Vitamin-C-3PO
Jakku-Saft

VITAMIN-C-3PO

Dieser fruchtige Smoothie sorgt dafür, dass du voller Energie in den neuen Tag startest!

ZUTATEN

240 g	**fettarmer griechischer Joghurt (Vanille)**
240 ml	**Apfelsaft**
240 ml	**fettarme Milch**
2 EL	**Honig**
1	**große Banane, in Scheiben geschnitten**
12	**große Erdbeeren, in Scheiben geschnitten, zzgl. 2 ganze Erdbeeren**

1. Den Joghurt, den Apfelsaft, die Milch, den Honig, die Banane und die geschnittenen Erdbeeren in einen Standmixer geben und bei mittlerer Geschwindigkeit verarbeiten, bis alles gut vermischt ist. In zwei hohe Gläser gießen.

2. Mit einem Messer einen Spalt in jede der ganzen Erdbeeren schneiden, von der unteren Hälfte bis hoch zum Stiel. Jeweils eine Erdbeere als Garnierung auf dem Rand jedes Glases platzieren. Sofort servieren.

Ergibt 2 Drinks.

JAKKU-SAFT

ZUTATEN

4	Orangenspalten
240 ml	Ananassaft
240 ml	frischer Orangensaft
240 ml	Mineralwasser (mit Kohlensäure)
½ TL	geschälter, frisch geriebener Ingwer

1. Am Abend vor dem Servieren jede Orangenspalte quer in Hälften schneiden und jede halbe Spalte ins Fach einer Eiswürfelform geben. Die Fächer mit dem Ananassaft aufgießen und das Ganze über Nacht einfrieren.

2. Am nächsten Tag zwei hohe Gläser mit je 120 ml Orangensaft und 120 ml Mineralwasser füllen. Jeweils ¼ Teelöffel Ingwer hinzugeben und umrühren, um alles zu vermischen. In jedes Glas vier der Safteiswürfel geben. Sofort servieren.

Ergibt 2 Drinks.